Vertigem por Thiago Freitas

Agradecimentos

Em especial, à comunidade em que estou inserido.

(Intencionalmente em branco)

Em resquícios das tradições comunistas, a alma do maníaco convergiu para as crianças do sexo feminino.

Introdução

A história remonta a um tempo em que as doenças psicóticas eram mais estudadas por cientistas, caso de Freud e Eugen Bleuler.
Como os neurotransmissores repassam a destruição de células afetando o sistema normal de um indivíduo?
Como as atitudes tomadas em consideração representam um desastre genético?
As respostas estão em Vertigem.
Um médico que batalhou para alcançar o canudo, por todas as dificuldades enfrentadas desde a sua infância, as lutas diárias, o sofrimento. Charles é uma pessoa aparentemente normal até que se descobre ou as doenças mentais o descobrem. A história é contada em Bruxelas, na Bélgica. O contexto é fascinante, pois trata de uma formação das crianças consoante as tradições comunistas que haviam ainda em alguns bairros. Apesar de ter influência francesa, a Bélgica é reduto de psicopatas de mercado negro. Adaptam negócios inescrupulosos através da Deep Web e afastam o bem comum da liberdade das pessoas.
Navegador Tor representa um canal para as comunicações entre partes. Confiantes em absoluto sigilo, o grupo mantém atividades ilícitas como em projetos de alta loucura. A polícia não consegue debruçar-se sobre os tentáculos do esquema que prospera.

(Intencionalmente em branco)

Índice

Prefácio

Charles tornou-se um psicomaníaco. Não foi culpa dele?
Se um dia o ver, conte o que pensa.

Parte 1

Cena 1. O início de tudo

A senhorita Barbara havia estourado a bolsa já na maternidade. Nasceu um menino chorão que Vallen trouxe para a enfermaria a fim das humanitárias darem banho no moleque.
(Vallen disse orgulhoso, tirando os sapatinhos de lã do bolso)
- Viram um moleque robusto como este?
- Benze a Deus! – clamou uma idosa.
Elas limparam o sangue da mãe em águas correntes.
Trouxeram a primeira gotinha contra a poliomielite e devolveram-no para os braços da mãe. O nome dele era Charles.
O registro foi autenticado ao segundo dia de vida da criança: Charles Kroton Voitillà. A família da mulher matou porcos em felicidade. Bebiam vodka. Uma roda de mulheres se formou em torno do menino assim que chegou em casa. A mulher, superinchada, era estimulada nas carícias do homem.
A família agora continha três barrigas para serem alimentadas.
Com o crescimento do menino vieram as surras de chicote. Aos 7 anos de idade, Charles já fugia do casebre ao norte de Bruxelas, numa região de camponeses. Adquiriu ódio extremo do seu pai, um surripiador dono de bar (para a comitiva encher a cara) e autor de uma crueldade só.
(Barbara foi atrás do moleque)
- Volta, meu filho! Não fique amuado nessa cócoras!
(Charles não respondia à própria mãe)
O sol estiou e o menino voltou. A mãe dele, nessa época, era uma mulher sóbria e participativa. Ela fazia um bolo de figo para quando o marido voltar do trabalho, comerem.
O homem havia chegado em casa embriagado, sem rumo e noção, ajudado por clientes interesseiros. Eles o apearam no sofá rasgado e ligaram o rádio, saindo às pressas para, provavelmente, saquear as garrafas de vodka e tequila.
Vallen espatifou os vasos de cristal, começando a surrar Barbara com enforcamento e socos. Ela desmaiou.
Ela compareceu ao doutor levando o menino. O médico havia se indignado com Vallen, mas se conteve porque era um senhor conhecido. Ofereceu homeopáticos.
Muito curioso, o menino lançou mão no estetoscópio. Deslizou o ferro por horas na própria barriga e, excedido, aquietou-se.
Aquela tarde passaram observando os cultivadores de hortas, antes de voltarem pra casa.
A senhorita Barbara resolveu chamar a mãe dela, com medo do marido embriagar-se novamente e chegar furioso.
Dessa vez, não. Era uma mudança da água pro vinho quando bebia. Ele andava bravo como de costume, mas não louco.
(Vallen tirou o cinto e o escorou em cima da porta do banheiro)
- Mulher, traga o pano de secar!
- O seu ou o meu?
- O seu. O meu deixa pra amanhã!
O homem deixou o chuveiro espicaçar em fumaça.

Descansado, vestiu-se e manteve a vontade em dias para,
mais tarde, pegar a mulher.
Ele ouviu o rádio sóbrio. As notícias eram as mesmas:
gente sendo atacada por malfeitores na cidade de Bruxelas.
Vallen não se considerava um malfeitor.
(O homem disse à mulher).
- Deviam recolher corpos de energúmenos! Há violência
por toda a cidade!
- É sério isso que você diz? – perguntou a mulher sem
nenhuma instrução.
- Vá lá pra ver o que lhe acontece! – Vallen caçoava dela.
O menino jogava 'pula-carniça' com outros três. Eles
haviam rolado no chão de terra, na disputa por uma maritaca
verdinha. Um machucado em sangue vivo corria do braço de
Charles e ele veio correndo reclamar para a mãe.
(chorava)
- Mãeee!
- O que é isso que fizeram com você? Ah!
Destrambelhados, vão para a puta que os pariu! – disse a
senhorita Barbara, em revanche ao filho, correndo atrás dos
moleques com uma piaçava na mão – Miseráveis!
Um deles caiu no campo de terra, a mulher aplicou-se em
batidas da vassoura, que não doía, ela teve uma vertigem e
caiu.
-*Baixinho*, o Telles acabou de vez com a sua mãe! – disse
um dos garotos.
Charles saiu com quatro pedras na mão. Charles os
expulsava do campo, prestando os primeiros socorros à
senhora, sua mãe.
O doutor chegou cerca de uma hora depois. Enquanto a
mãe da mulher a assistia, Charles foi à campina buscar o pai.
Adentrou o bar e:
- Olha só! É o filhote de cruz credo, João!
- Olha a cara de mal do garoto!

Cena 2. O poder dos pais sobre os filhos

Após ser amarrado de cabeça para baixo em um freixo,
Charles soluçava apanhando de cinto. Foram doze chicotadas
em encontro ao corpo do moleque de 10 anos. Ele urrava.
A mãe pedia misericórdia ao pai, para que ele fosse mais
temente a Deus. Não adiantou muito, o menino desceu
judiado da árvore.
O menino era uma espécie de frieza intocável. Ele deixou
de falar com o pai. De castigo, não podia sair para fora de
casa, nem mesmo ir ao colégio.
A situação melhorou muito depois que um cárita social de
apoio às famílias os aconselhou. Charles podia estudar se
quisesse, não passou uma semana do episódio da lição do
couro e ele estava na sala de aulas. O francês da professora
era rico em verbetes estranhos. Charles aprendia lições das
expressões numéricas. Parecia um bom lugar para uma
criança.
O moleque foi abandonado pelos pais, em parte. Ele
dormia em casa e os estudos eram como trabalhar, devia

bater ponto consoante a linha dura de Vallen.

Passou anos descompromissado de ver os avós maternos.
O vô Lil, que Charles adorava, não via o neto por um bom
tempo. Lil morreu antes que o garoto completasse 12 anos.
O interim foi marcado pelas desaventuras do pai do
menino. Perdera a propriedade do bar para dois farsantes. O
homem caiu no conto do vigário.

Dias passados, Barbara estava com esquizofrenia. O
homem a deixou indo para o outro lado da cidade. Sem ter o
que comer, a mulher foi morar com a mãe. Charles foi morar
embaixo de uma ponte estaiada, pedia esmolas e vivia sujo.
Passou a faltar a escola.

Outra mulher chamada Rose o acolheu. Conversaram
horas e ela verificava um menino esperto. Não teve dúvidas
em conversar com o marido, Chawn, e adotá-lo.

Charles viu uma casa de granfinos. Olhava o teto com um
ventilador e se mantinha paralisado, fruto das abordagens do
seu pai.

(Rose perguntou a ele)

- O que achou, Charles? Gostou?
- Sim – o menino deu uma resposta breve e sem emoção.
- Escuta, garoto! Jamais suje o tapete, jamais! – disse
Chawn.

O instante em que subiu as escadas, Charles encontrou o
casal se estrepando. Os olhos do menino estavam fixos em
Rose. Ele não se aguentou... teve de ir ao banheiro.

As aquiescências do casal eram totalmente liberais.
Desavergonhados com a presença do menino, eles tinham
práticas sadomasô incluindo chicotes, bolinhas, algemas e
penetradores.

A legítima filha do casal se chamava Joanna, tinha dois
aninhos.

Não era diferente estar com eles. Chawn possuía regras
próprias de etiqueta e ameaçava Charles. Rose havia
reparado no *voyeur* que o menino fazia se passar, mas não se
importava de maneira alguma. Rose dedicava-se a arrumar o
material para o menino ir à escola. A primeira grande
reviravolta do garoto foi estar matriculado no Internato Santo
Agostinho.

O manual de comportamento da instituição exigia
conceito A dos alunos. Demorou muito para Charles
aprender a conviver entre crianças ricas. Elas o
menosprezavam. Os professores o achacavam, por vezes o
humilhavam.

Diversas vezes Charles esteve ajoelhado no milho. Outras
esteve na solitária da classe. Outras, sendo massacrado no
banheiro por meninos que disputavam a importância entre
eles. Em todas elas, estava revoltado. Não era pra ele estar
ali.

Solitário, Charles abandonou a casa do casal, voltou às
ruas. Chawn o encontrou, levando para dar uma surra nele
em casa. Rose se compadeceu do menino, trazendo bolo e
leite para que ingerisse.

Joanna cresceu e tinha a altivez da mãe e Charles estava apaixonado
pela menina com 5 anos de idade, ele sofría com imprinting.
Pedia encarecidamente com olhar de cãozinho morto para
pegar a menina em seu colo. Chawn achava um absurdo.

- Não dê essa menina a ele!
- O que há de mais?

- Ele não possui modos.
- Joanna é mais próxima a ele do que a gente – Rose tentava explicar.
- Nossa filha vai se acostumar com os trambiques desse moleque, escuta o que estou te dizendo!
- Ele não vai, eu não vou deixar! – Rose se virou para Charles, entregando Joanna a Chawn – "Chacro", não ouse tocar na minha filha enquanto não aprender a se comportar! "Chacro?" – Charles não entendia o nome que ela deu a ele.
- Eu não vou, senhora.
- Nós acreditamos que você possa ser uma pessoa melhor – disse Rose.
- Daqui a dez anos, menino, você será um de nós – interferiu Chawn.
- Eu queria ver minha mãe – disse Charles.
- Onde ela mora?
- Ao norte da cidade.
- Nós vamos até lá, amanhã de manhã. Mas, se decidir ficar com ela, a gente não vai poder te ajudar. Você decide!
- Não. Eu não vou ficar.
- Amanhã de manhã – estimulou Chawn ao menino.

Cena 3. Resignação

O trajeto de carro deixou o garoto com engulhos. Chawn e Rose só queriam mandar. O garoto pôde ver a mãe debilitada numa cama, sendo acompanhada pela avó. Ele se indignou. Rose deixava 100 francos para a família pobre do menino.
Assim que retornaram, o menino se resignou. Ele não falava com ninguém, não comia, não saía. Passou horas observando um ábaco. Ele estava contristado pela sórdida situação em que encontrou a senhora, sua mãe, porque a amava.
- Charles, o que está acontecendo com você? – perguntou Rose.
- Nada.
- Não quer comer?
- Não.
- Talvez possa tomar um banho antes de dormir!?
- Não.
- Eu sou obrigada a chamar o Chawn, pra saber o que está acontecendo com você! - (meio minuto depois, Chawn entra pela porta do quarto)
- E agora, moleque?
- Ele não quer responder – disse Rose.
- Vamos ver se ele tem medo de uma vara.
Chawn fazia a pele do menino arder. Ele se cansou de tanto riscar a vara e passou a responsabilidade à Rose.
- Cuide desse infeliz!
- Não sei como, Chawn!
- Devolva-o às ruas.

Rose iniciou um choro comedido, mais por sua relação com Chawn do que pelo garoto. De certa forma, ela entendia as razões do moleque. Oriundo de pais precários, o menino tinha uma forte depressão, transmitia pena à Rose.
- Chawn, o deixe onde encontrou! – argumentou Rose.
- Sinto em ter de abandoná-lo, moleque! – disse Chawn a Charles.
- Eu não estou nem aí pra vocês!
- Então há uma reciprocidade! – declarou Chawn.
As ruas mantinham pessoas de todo tipo. Charles voltou a pedir esmolas e foi reconhecido por um fotógrafo que retratava a miséria em centros urbanos.
- Qual é o seu nome?
(Charles não disse nada)
- Você é fotogênico, garoto! Posso tirar uma foto sua?
(o garoto continuava sem dar qualquer resposta)
- Tirei! – comemorou o fotógrafo que deixava 50 francos.
A noite foi obsoleta. Uma calmaria distinta ao trânsito que havia transcorrido durante o dia e Charles, sardonicamente, hospedou-se num hotel.
- Me arrume um quarto, senhora.
- São 30 francos, garoto.
- Toma! – a velha se surpreendeu vendo 50 francos com um garoto de rua.
- Eu não tenho troco.
- Me prepara *waffers*, a senhora pode fazer isso?
- Você me pegou desprevenida!
- Minha barriga está roncando!
- Tenho salada e macarrão.
O menino comeu. O menino dormiu.
Assistia a televisão no canal com programas de auditório durante a manhã seguinte. Havia ultrapassado o horário da diária e a senhora, prontamente, veio informá-lo:
- Sua estadia se encerrou.
- Pra onde eu vou?
- Isso não é um problema meu, garoto!
Charles foi andando por becos. Encontrava grupos de homens a quem pedia um cigarro. Ele passou a fumar demasiadamente, o que provocou-lhe uma tuberculose. No hospital, a enfermeira esperançosa dizia que ele sobreviveria. Era uma enfermeira fajuta que mais o infernizava que trabalhava. Ficou internado uma semana inteira, quando saiu.

Cena 4. Adolescência maldita

O jovem aceitara o apelido "Chacro", sugeria imponência. Lembrava-se que seu avô carrasco possuía o apelido de 'Lil' devido ter olhos puxados- mais descendente de búlgaros do que propriamente de chineses.
"Chacro" conheceu a Jenkin, um raquítico de inúmeras tatuagens coloridas, algumas budistas. Jenkin fornecia ecstasy a "Chacro", que estava viciado nesses comprimidos. Uma cartela de ecstasy e uma dose de vodka, seguia uma euforia e a excitação para foder ânus.
Aliado com Jenkin, "Chacro" vivia cumprindo assalto à lojas de jóias. Ele vendia as peças no escambo do mercado

central para um tal de Zulu. Armado com uma Sauer, mantinha reféns e limpava estabelecimentos. Chegou a ser preso uma vez.

O ano de 1990 passou em linha reta. "Chacro" não havia estudado nem trabalhado. Estava sendo chefiado por esse Zulu, com 14 anos de idade.

Zulu o amarrava em cordas de aço flexíveis. Ele tinha de cumprir a meta de 2 peças de ouro todos os dias. "Chacro" vivia reclinado sob uma lareira.

Jenkia vivia enrabando prostitutas. Elas diziam que o tal possuía um pênis do tamanho de uma vara de pescar. Ele não dava um passo sem rumo. "Chacro" o acompanhou diversas vezes ao bordel no bairro do Sablon. Eram orgias num estúdio de espuma vermelho cobrindo as paredes, um pub e cabines de massagens eróticas.

Cresceram bem juntos. Tudo o que passava na mente de Jenkin, "Chacro" sabia e vice-versa. Buscavam o fundo do tacho no Lêmore, um restaurante caseiro, alimentando-se de ostras e mariscos. Achavam muito bom.

Certa vez, "Chacro" chocou-se com Jenkin numa briga irracional e desproporcional. Eles tentavam se acertar a partir de ideias nórdicas. Fingiam se entender depois de algum tempo.

Os dois estavam nos degraus da Igreja de Santo Michael. Era a casa de Deus mais betumada do mundo, possuía um revestimento gótico com ouro barroco e, por dentro, havia anjos e demônios de todas as espécies. Eles pediam esmolas.

- A senhora pode nos ajudar, Irmã? – pedia "Chacro" a uma velha de véu negro.

- Meu filho, eu sou viúva!

- Viúvas recebem custeio de seus maridos mortos! – invadiu a conversa, Jenkin.

- Deixe-a! Ela sabe a hora de ajudar! – o reprimiu, "Chacro".

- Entrem na igreja, jovens, há um café farto na novena.

Eles se esbaldaram com a comida. Havia arroz com lentilhas e cordeiro ao molho de curry, maçãs, abacaxis, uvas, vinhos e doces. Saíram empanzinados.

"Chacro" passou a viver nos fundos da casa de Jenkin. Não pagava aluguel.

Passaram dias difíceis indo a uma cidade chamada Zaventem, para tentar a sorte. Meses depois, havia se desinteressado por razão do frio abundante.

O regresso à Bruxelas estimulou o jovem "Chacro" a querer procurar a mãe. Ele voltou à casinha da avó. Descobriu que a velhinha havia falecido. Informações repassadas diziam que sua mãe, Barbara, estava internada em um manicômio, em detrimento de sua loucura.

"Chacro" se sacolejou em seu corpo inteiro. Ele queria vê-la, mesmo em um último contato. Resolveu armar um esquema com Jenkin para irem juntos pular a muralha do manicômio que não sabia nem onde ficava, mais imaginava assim sendo.

Avante 2 meses, o jovem havia encontrado endereços. Foi atrás.

-*Chapa*, minha mãe! – apontava "Chacro" para a mulher, de cima de uma árvore.

- Não dá pra nós entrarmos! – aconselhou Jenkin.

- Me sustenta em seus ombros!

- Tá legal!
O filho havia conseguido pular o muro. Agora, aproximava-se de Barbara.
- Minha mãe, desculpa!
- Ch'arles! – a mulher tinha dificuldade na pronúncia.
- Olha, sou eu!
- Ch'arles! – a mulher conseguia se lembrar dele, todavia estava debilitada.
Os enfermeiros se aproximaram, domaram "Chacro" e levaram-no para as delegações.
- Olá! Posso saber quem é o senhor? – disse uma psiquiatra.
- Charles, filho de Barbara, minha mãe.
- Que bom que ela tenha parentes, assim fica mais fácil tratar da paciente.
- Eu virei aqui todos os dias da minha vida!
Depois da visita, "Chacro" decidiu mudar. Ele percebeu nitidamente que a vida havia sido traiçoeira. Ele decidiu retomar os estudos, para quem sabe um dia ser médico e cuidar da própria mãe.
Encontrou-se com Jenkin, sob as vistas da guarda municipal, resolvendo lhe contar *tim-tim-por-tim-tim* o que havia decidido, em particular.

Cena 5. Dias de colégio

O indecente passou a contar os dias do retorno das aulas. Apresentava-se mais bem arrumado depois que adquiriu roupas com o dinheiro da venda de jóias roubadas.
Havia meninas bonitas no pavilhão superior. O número de cantadas que possuía em mente era gigantesco. "Chacro" estava confortável ao lado delas. Ele até aprendia o que ensinavam a ele.
Após um período de tempo, decidiu parar com roubos e dedicar-se a trabalhar. Em 1991, começou a vender rabanetes nas ruas de Bruxelas. O jovem faturava cerca de 100 francos por mês. Aliviava a barra de freqüentar a escola e o vício.
Em 1992, resolveu abandonar o consumo de drogas. Essa vontade que havia adquirido nas ruas cessou. Ele estava com 16 anos agora e pretendia terminar o colégio.
A freqüência de "Chacro" deixava os professores boquiabertos, como também as notas do aluno. Ele auxiliava os mais novos em trabalhos conjuntos.
Ele passou pela 6ª, 7ª, 8ª, 9ª. Endereçado ao colegial, "Chacro" viu-se em um futuro. Era proeminente e obstinado a atingir o seu objetivo.
Todos os dias, inclusive os de aula, "Chacro" visitava a mãe. Ela havia piorado em um período de 6 meses e recuperado uma tranqüilidade 9 meses depois. Outros 3 anos foram contados por um quadro estável. "Chacro" a abraçava.
O menino Charles havia crescido, cursava o 2° grau.
Quem diria que seu destino fosse assim? Ele, por vezes, se lembrava do pai na caricatura de mau. Desestimulava-se completamente.
A primeira namorada de "Chacro" era a que sentava na

11

primeira cadeira rente à porta. O nome dela era Phillippa e ainda o é.

Passou a morar com ela, na casa dos sogros, em meados dos anos de 1995. Deixou o 'vara de pescar' para trás de seu mundo e enfrentou as barreiras que surgiam: o nascimento de Thomas e a morte da mãe – uma sorte para um revés.

Ele entendia muito bem as leis de Newton: ação e reação, movimento e forças contrárias e a inércia. O grande problema do colegial foi ter tido uma briga com o professor de física. "Chacro" deixara o nariz dele sangrando. Encaminhado para a diretoria, "Chacro" respondeu a um termo circunstancial. Dali para frente, qualquer erro de conduta significaria expulsão.

Não foi uma culpa inexorável de "Chacro", foi um culpinha desastrosa. O professor insistia em repassar a mesma matéria da aula anterior e aguçou a impaciência dele. O rapaz era tímido apesar de tudo. "Chacro" tinha dificuldades para descontrair-se perante as meninas porque, pôde observar, ele tinha o genótipo das ruas ao contrário dos outros jovens, mais enxutos e de carne mais conservada.

Ele conversava com as meninas objetivamente. Algumas o estranhavam por seus modos incomuns e ele começava a reparar no comportamento da sociedade ditada.

Era um absurdo ter de seguir padrões. "Chacro" aprendeu muito das geniosidades das pessoas no jeito cândido de Phillippa. Ela era seu exemplo maior de cupidez e discrição. Aprendeu a valorizar-se, a posicionar o olhar, a ter idéias sólidas em caráter formal.

No colégio, as pessoas o chamavam de Charles. Estava acostumando-se novamente a ter instinto prévio com o próprio nome e as suas reações melhoraram.

- Phillippa, odiei a gorducha lhe chamar de esquisita.
- Ofensa grave! – respondeu a sua afirmação, Phillippa.
- Você é a pessoa que melhor sabe se portar, eu não entendi.
- Ela quer me difamar, me derrubar, com inveja.
- Eu posso tirar satisfações com ela – considerou Charles.
- Não! Deixe que eu mesma resolva.

Phillippa arrastou a gorda pelos cabelos. Trouxe agressiva a baleia para fora da sala de aula. Ela puxava metódica a menina pelo corredor, deitou-a e subiu em cima dela, aplicando tapas que deixaram a outra marcada, sendo que "Chacro" não tinha nada a ver com a história.

Esse incidente colocou o casal no mesmo patamar.

Voltando pra casa, encontraram um homem morto no meio da estrada. Uma sensação de horror assombrou o casal, retornavam dos estudos à noite.

O dia seguinte foi marcado com a festa dos magistrados realizada no auditório. Vários estudantes representavam personagens históricos, nas peças de William Shakespeare: Hamlet e Otelo.

Eles passaram pela última avaliação, o resultado deu aprovação aos dois.

O ano de 1998 começou impecável para Charles que realizava um sonho. Ele entrava pela porta da frente da universidade no curso de medicina. Phillippa iniciava um curso de pedagogia. Os dois permaneciam de pé.

6. Dias de um jovem adulto

Pessoas mais velhas instruíam "Chacro" pra que ele servisse de pano de fundo para atividades ilegais. Ele não sabia o que estava acontecendo enquanto trabalhava no torno mecânico. Adquiria experiência de vida contra os assuntos de outros trabalhadores. Era um alvo em subterfúgios. "Chacro" possuía a autenticidade de um jovem lutador. Barganhava respeito audito do qual trabalhavam os outros sobre a resignação moral que "Chacro" decidiu-se resoluto, após ver as sérias doenças de sua mãe, já falecida. Um empregado mais velho ajuntava-se com desagregadores infames, desculpando-se pela ociosidade, ao seu superior direto, com os motivos de argumentação insólitos. Ele estava *ensinando* "Chacro" a moldar peças na recartilha. Essa era a desculpa esfarrapada. O jovem rapaz também era vítima de rejeições. Outro jovem promissor o detestava com uma alma mortífera. Corria boatos na oficina mecânica de que "Chacro" era um ladrão, segundo as fofocas que vinham dos circuitos da rua. Ele lidava com isso de forma direta. Nunca se deixou abater pelos impropérios verbais e sangrentos. Negociava o seu moral com duas linhas de raciocínio: de que nenhuma pessoa poderia dizer quem ele era e de que seria o trabalhador mais especializado em um curto espaço de tempo. Avançou-se com maestria na composição de peças para automóveis, sobretudo caminhões. A economia do leste europeu estava em leve crescimento. Havia espraiado os ideais de pensadores capitalistas no segundo mundo. Eles viviam menos repressão da polícia e do governo. "Chacro" trabalhava entre as 7h às 17h. Almoçava num pinga-prato. Ele estudava à noite na Universidade Livre de Bruxelas. Chegava em casa ali pela meia-noite e meia. Phillippa estudava na mesma fundação, pela manhã. Cuidava de Thomas assim que chegava em casa. Thomas, o primeiro filho do casal, tinha 3 anos de idade. O rapaz comprou um desktop para o auxiliar nos trabalhos da universidade. Ele pesquisava na internet, a título de expandir seu próprio conhecimento, as técnicas medicinais. Lembrava-se da homeopatia que o doutor havia receitado à senhora, sua mãe, quando ela apanhou de Vallen. Conheceu tradições milenárias de asiáticos como a acupuntura e a quiropraxia. Observou técnicas anódinas da medicina molecular e também da musicoterapia. Era fascinado em assistir os vídeos curtos de cirurgias de coração, pulmões, rins, estômago e apêndice. Chegava a claras conclusões sobre obstrução sanguínea, o que o inclinava a ser um cirurgião. Ele tinha problemas eólicos. O dinheiro evaporava com o vento e passavam apuros nos fins de meses. Thomas não desgrudava os avós maternos e recolhia algum para a caixinha. A opinião de "Chacro" sobre o mundo era uma visão expansiva porque ele viu o domínio dos mais fortes, de voz legiferante. Queria mudança. Queria liberdade. Foram árduos os anos pela rua da amargura. "Chacro" deslocou-se por diversos rincões, conhecia a aristocracia de longe, num aspecto que dirimia sua indignação. Era um

miserável naquela época.
Viu as coisas prosperarem desde que tomou a sábia decisão de abandonar a vida ruim. Transformou o próprio comportamento e resolveu abrir a mente para questões que, a pouco, desprezava. Casado com Phillippa, ele não tinha muito com o que reclamar. Já possuía um local estabelecido para morar, um trabalho e os estudos.
Rapazes vinham atrás dele solicitando os esforços de "Chacro". Pediam para que entrassem para o sindicato, requerir os direitos como o líder. Ele não via por onde começar. Recusou. A insistência dos rapazes, da segunda vez, implicava para que ele discursasse frente aos trabalhadores sindicais, só isso. Ele se pronunciou defendendo a idéia dos direitos do proletariado por uma participação ativa nas causas intervencionistas contra o governo. Repudiava, só de pensar, a manada atropelando os seus objetivos pessoais. Aquele foi seu único pronunciamento. Ele estava com 21 anos de idade, há 6 anos empregado.
"Chacro" conhecia mais a fundo as zonas de Bruxelas. Traindo sua mulher, tentava ser assíduo de uma loira de cintura avantajada. Ele a concebeu uma vez que ela falava ao pé do ouvido. Um pouco menos retraído e com a mesma objetividade.
Nessa época, conheceu um site americano de anúncios do Craig, o craiglist.org. Aquilo era fantástico pois mantinha uma coleção de jóias em casa.
Phillippa podia escolher o que usar: colar de ouro branco, anel de rubi, diademas encrustradas em diamantes, pulseiras trabalhadas em jaspe, brincos de quartzo, ametista e topázio, gargantilhas de prata e coleções de canetas Mont Blanc em ouro 24 quilates, a mais fina elegância.
Esses artigos, "Chacro" publicou-os no Craiglist. Gente do mundo todo clicava e comprava itens de preços bem modestos. A fonte extra de recursos do jovem era sua verdadeira mina de dinheiro.
"Chacro" repensava em retomar os negócios. Pensava em vender drogas pela internet. Pensava em vender vídeos de sexo pela web. Pensava em abrir um consultório médico. Os dois primeiros eram mais fáceis, o consultório devia esperar até que os demais dessem lucro.
Ele publicava cenas eróticas a partir de filmes de atos sexuais com as garotas. Ainda não possuía um site próprio e vendia pacotes pelo Craig. Cada 5 vídeos custavam em torno de 100 francos. Ele fez algum dinheiro com isso, sem que Phillippa ficasse sabendo.

Cena 7. Dias de recompensa

O cara, repentinamente, conseguia 30 mil francos por mês. "Chacro" andava com Phillippa e Thomás dentro de um Land Rover importado pelos pontos turísticos como o Parque

Cinquentenário e o Palácio Real. Levava o filho e a mulher em restaurantes onde consumiam a tradicional couve-debruxelas. Phillippa nem imaginava de onde saía tanto dinheiro. Pensava que "Chacro" havia alcançado uma posição melhor na oficina e por isso vivia bem.

As condições melhoraram. "Chacro", visivelmente empolgado, começava a arrecadar dinheiro para abrigar as instalações da clínica.

Se formaria daqui à 3 meses, no fim de 2001. Aos 25 anos, o tempo acelerou. Havia feito um bom papel de estudante estando à um passo do canudo.

Os meses passaram e o séquito estudantil pelo diploma aconteceu. Muito feliz, estava ele, a mulher e o filho. Recompensado com a formação.

Alguns dias depois, o recém lançado médico obtivera uma ótima notícia: de que mais um filho estava à caminho. Phillippa estava grávida há um mês.

A União Europeia se reunia a tomar um acordo de unilateralidade. Propunham a unificação da moeda entre os países do bloco que sofríam volatilidade cambial. A Inglaterra odiou a ideia, decidida a permanecer com a forte libra. Os demais países como a Alemanha, a França, Portugal, Espanha, Grécia e Itália – os fortes – tinham motivos de sobra para aderirem. Precisavam de um retorno fiscal. Essa proposta quebrava o galho econômico frente as oscilações e mantinha o grau de investimento ainda mais robusto entre os países. Mas demorou 1 ano para que o euro entrasse em vigor.

O ano de 2002 começou benéfico a "Chacro". Ele se estabelecia em um prédio comercial e já o compunha com equipamentos da sala de atendimento.

Ele passou a atender 180 pessoas por mês. Sabia todos os problemas anatômicos e começou a realizar cirurgias. A maioria das consultas acabavam em exames e em remédios, tão simples assim. "Chacro" não vivia na maior mordomia desde que morou com Rose e Chawn, durante os anos de sua infância mesquinha.

Nasceram Rincón, no fim de 2002, e Laura, em setembro de 2003. Thomas estava com 9 anos de idade.

O fim de 2003 contou com uma viagem que os 5 integrantes da família fizeram à Atenas, um lugar exuberante que agrega os milênios em ruínas, com uma beleza natural paradisíaca.

Quando retornou, a agenda de consultas de "Chacro" estava abarrotada de pacientes em espera. Idosos precisando de marcapasso, mulheres com câncer de mama e fumantes com efizema pulmonar. Ele atendia a todos esses.

- Não consulte um pneumatologista, senhor Greg, venha até mim – disse ao fumante.
- Eu não tenho como arcar com os custos.
- Não tem problemas. Dou um prazo longo!
- Quanto tempo eu tenho, doutor?
- Se tudo ocorrer dentro do previsto, não morrerá dessa doença.
- Não pode ser! O senhor é um milagreiro!
- Um mortal.
- Um anjo!
- Um homem comum.
- Uma bênção!

15

- Um realista.
- Posso dar um abraço no senhor?
- Claro que sim.

Certa vez, "Chacro" abriu o abdômen de uma mulher de 49 anos que sofría muito com o rompimento do intestino por conta de vermes. Nenhum vermífugo se comprovava eficiente e esta foi a única alternativa do médico. Ele extraía tênias saginatum com a pinça e as colocava em um recipiente com álcool. A mulher se espantou assim que o efeito do anestésico cessou e pôde ver a enorme quantidade de lombrigas, 50.

O médico acelerava o seu processo de expertise. Sentava-se na cadeira e atestava os pacientes. Havia dado a volta por cima. Não mais sem dinheiro ou sem mulher. Com a família construída, "Chacro" vivia sob os cuidados de Phillippa, uma egoísta.

O retorno pra casa, em todos os dias, remontava as lembranças de quando era um moleque que pedia esmolas aos outros. Os caminhos que havia superado mostraram-lhe os desvios necessários para ser um homem de negócios e recolher dinheiro por isso. "Chacro" detestava conversas de madames e de quem sempre teve de tudo, do bom e do melhor.

O médico esqueceu-se da época de trombadinha, apesar que continuava revendendo jóias pela internet, sem sofrimento e sem a reprovação dos outros que, provavelmente, não o reconheceriam.

Parte 2

Cena 1. Quando a família é um pandemônio

O Land Rover também era compartilhado com qualquer pessoa que pagasse pelo aluguel de um dia, "Chacro" quase não o usava, ia de metrô até o consultório, às vezes. Phillippa e as três crianças andavam e minivans particulares. Em pouco tempo, íam ao mercado central. Ela chegava a gastar cerca de 150 euros, insistindo em mexilhões e cortando a carne bovina. "Chacro" odiava isso.

Ele era o maior consumidor humano de carne bovina. Ela não se entendia com o marido pois mascarava em sua desfaçatez de mulher enciumada. Por anos ela agiu assim, tentando descontar na comida do marido.

A mulher do médico era uma espécie de renegada no papel de simples do lar. Eles discutiam muito.
- Sua atanazada!
- Verme!
- Lhe dou umas palmadas! – disse "Chacro" tentando aleijar a mulher.
- Pare!
- Não paro! Apanhe desmiolada! O que lhe adianta estudar, pra ser ainda mais burra?

- Tem inveja por eu querer ser uma doutora.
- Não esqueça quem sustenta a casa.
- Quem cuida dos meninos, "Chacro"?
- Você! E por quê anda me pirraçando?
- Você é o meu marido.
- Não é esse o motivo para me amparar?
- Você não pode ter outras.
- Entendi. Faço o seguinte: não almoço mais nessa casa! Apanhe, desmiolada!

"Chacro" pegou a mulher pelo braço forçando-a a vir consigo. Ameaçava jogá-la do 44º andar de um apartamento do bloco 3, no Magnifiqué, onde passaram a residir. Ela sofreu vertigem.

- Não faça isso! – desesperada, Phillippa disse a ele.

Ele estava na ponta da janela, mais um pouco e seria radicalizada no plano vertical. Teve muito medo de morrer, enojou o ato de "Chacro".

- Seu estúpido! – disse Phillippa, sendo recolhida pra dentro.

O casal demonstrava desestrutura emocional. "Chacro" visivelmente era um maníaco, apesar de ser médico. Ele explodiu com a mulher, ela o deixou enfurecido. "Chacro" não aceitava tamanha verbalidade da mulher dizendo o que ele deveria fazer.

Os laços afetivos ficaram comprometidos depois da suspeita de que Rincón era negro demais para ser seu filho.

- Esse menino não é meu!
- Como pode ter tanta certeza disso?
- Escuro demais! Onde você arranjou o pai dele?
- Na escola. Você!
- Eu? Sua mentirosa! Merece apanhar de cinto! –

"Chacro" surrava a própria mulher.

"Chacro" se controlou meia hora depois. Estava aliviado pois os números das vendas online só cresciam. Ele chamou um desenvolvedor para criar um portal de venda de drogas pela deep web, também fornecia pacotes de vídeos eróticos e jóias.

O exame de DNA do garoto confirmou que o menino não era filho dele. "Chacro" pegou as crianças, uma por uma, lançou-as no Land Rover e foi para a Bruxelles Street, a avenida mais movimentada de carros da cidade. Ele pediu para que Rincón cruzasse a rua.

- Eu não vou!
- Vá moleque! Fuja dos carros!
- Não, pai!
- Não me chame de pai, bastardo!

Rincón tomou coragem, deu os primeiros passos na marginal cheia de caminhões de grande porte. O menino tremia de medo. Um caminhão quase o pegou. Rincón ficou atravessado na pista observando duas carrocerias passarem, a pelo menos 80 km/h.

- Muita sorte mesmo! – disse "Chacro" ao ver o garoto do outro lado da pista – Agora, somos nós! – disse aos seus filhos Thomas e Laura, que conduzia nos braços. Eles atravessaram numa pista vazia.

Era o ano de 2010, Rincón estava com 8 anos, Thomas com 17 e Laura com 7. Após essa travessura escalabrosa, "Chacro" decidiu-se por manter os filhos consigo, por

17

enquanto.
O doutor continuava a ter um expediente normal de
serviço. Atendia a clínica aguardando os pacientes terminais.
As cirurgias contavam ainda com três enfermeiras e outro
médico neurocirurgião. Ele desenvolvia forma própria de
manuseio de tesouras, bisturis, sondas, safenas e
marca-passos, tudo em uma conjuntura coordenada com os
seus auxiliares.

Cena 2. Vizinhos Infernais

Phillippa desconfiava que os vizinhos do lado eram
envolvidos com magia negra. Belley era um núcleo de 7
pessoas, dentre os quais 3 anciãos que faziam espíritos
subirem (não se sabe como) e incorporavam.
Reuniões na quarta-feira à noite eram ouvidas da parede
da cozinha do casal que, os incomodavam muito.
"Chacro" não tinha paciência. Com seu 1 metro e 62
centímetros, olhos verdes desde criança, ele foi tirar
satisfação com a seita profana.
(Socou a porta do apartamento ao lado)
- Desliguem-se!
- O quê? – não entendia o velho.
- Estão nos infernizando!
- O senhor sabe com quem está lidando?
- Não. Mas suponho.
- Nós somos a cúria candombleica.
- E eu com isso?
- Cuidado, rapaz! A sua vida pode virar de ponta à
cabeça.
- Entendi. Esse apartamento de vocês quer se provar
melhor que o meu.
- É isso! – exclamou o velho, por fim.
- Veremos! – disse "Chacro".
Ele pegava um extintor de incêndio para combater o
fogaréu que os vizinhos tinham acendido em cima da mesa,
produziam a combustão de gatos na base do álcool etílico, o
cheiro era insuportável, "Chacro" quebrou a janela para
expelir a fumaça. Eles – os Belley – o rejeitaram.
- Segure-o, Jorge! – Jorge era o filho mais velho de um
dos anciãos.
Enquanto Jorge segurava "Chacro", outro o amarrava e
vedava sua boca. Requeriam silêncio para o cumprimento do
ritual macabro. "Chacro" permaneceu observando cada
momento, cada oferenda, cada oblação.
Não obstante, ele passou a se interessar. Ele começou a
entender o porquê eles faziam aquilo, sacrificando animais.
Era uma questão da inocência dos animais e da inteligência
feérica dos gatos. Como o dito que diz: "a verdade está com
os gatos". Ele também se submetia a essa crença, um pouco
de absurdo – é verdade –, mas uma tese por alternativa e
erro.
Os Belley passaram a fazer trabalhos contra "Chacro".
Para se vingarem da denúncia que ele fez na sociedade
protetora dos animais. Eles deixaram uma cruz na porta do

apartamento de "Chacro", aparentemente não preocupado com isso.

Outrora, a comitiva da umbanda deixou 5 bonecos vodus na porta do apartamento do casal. Cada um indicava as pessoas dos Voitillà: "Chacro", Phillippa, Thomas, Rincón e Laura. Todos furados com centenas de agulhas. Aquilo era sem lógica e "Chacro" tinha um verdadeiro prazer em ter comprado a briga.

Reagiu. Ele trouxe um padre exorcista trajado com uma cinta de alho, iniciando o que chamava de 'limpeza espiritual do bem'. O padre faria duas rezas assim que adentrasse o imóvel dos satânicos, jogaria água benta nas arestas dos cômodos e aspergiria clorofórmio na cama dos 7.

"Chacro" pagava para ver a reação deles, assim que chegassem.

Eles vieram à noite, traziam numa cuia, um gatinho preto. "Chacro" tinha uma estratégia contra o trabalho dos necromantes, trouxe uma prole de ratazanas. Ou eles preferiam conviver com as ratazanas ou preferiam a vida dos gatinhos. "Chacro" adorava jogar com o extremo dos pensamentos decisórios das pessoas, uma ciência pessoal era conhecer o limítrofe absurdista. Ele acendia uma vela, minutos depois do susto da comitiva, do espanto de tantas ratazanas, os vizinhos saíram do bloco 3, desistindo de viver ali. Pobre oblação!

É certo que a porta do apartamento dos vizinhos era mantida aberta pelo entra-e-sai. Os idosos viviam sem sair, exceto em reuniões. Numa dessas ocasiões, "Chacro" enxovalhou o apartamento deles com sal grosso. As simbologias eram múltiplas e distorciam o propósito da magia negra cometida pelos Belley. "Chacro" não resistiu um humor largo.

Após 3 dias, nunca os viu mais. Ele e Phillippa podiam obter o silêncio terno, dormir e acordar desestressados. Tiraram agulha por agulha dos bonecos vodus e os incineraram. As crianças, curiosas, queriam brincar com aquilo, não puderam. Agora "Chacro" concebia o moleque negro análogo ao vodu queimado.

Os proprietários do condomínio apropriaram um casal de anjos. Bem melhor era a convivência com os novatos que incluíam convites por debaixo da porta dos Voitillà, chamando-os para um churrasco. Benevolência ou sina? A casa era maldita, eles tinham receio de entrar ali. Phillippa estranhava e "Chacro" aperfeiçoava o conceito do fogo consumidor. Pensava ser a lei da carne.

Cena 3. Dias de austeridade

O médico tomou a liberdade em ser mais crítico consigo mesmo. Eram medidas austeras adotadas para regrar o desenvolvimento pessoal. Ele passou a se comportar como um rochedo, não dava as sombras para as pessoas, pelo contrário, esboçava uma cara confiante na vida do homem. Ele fazia o bem aos outros, ajudava naquilo que podia ajudar,

19

socorria o que podia socorrer e chamava o homem de Deus de bispo.

2011 começava terrível. A clínica devia os fornecedores, "Chacro" teve de cortar gastos. Iniciava-se uma cascata na economia europeia devido à crise e isso afetou os negócios de "Chacro". Poupar os pacientes de um possível mal humor foi a primeira atitude que tomou, eles não precisavam vê-lo entristecido, "Chacro" era forte pois havia apanhado demais e essa diminuição nos lucros, pensava ele, era momentânea. Dissuadiu-se a manter um nível de seriedade, passando aos clientes diagnósticos precisos e mais realistas.

- Veronica, a senhora tem 3 meses de vida – sentenciava "Chacro".
- O que o senhor pode fazer por mim, doutor?
- Eutanásia.

Com essa auto-sugestão, "Chacro" adquiria reconhecimento e respeito. O que tinha de dizer e apresentava cara a cara, na verdade nua e crua. Não havia meio termos, pois perorava o compromisso excelso de atendimento médico-hospitalar, ele queria que cada paciente se sentisse acolhido, tendo eles a missão de superar, por meios perceptivos, o real estado do próprio corpo, o que os colocavam sempre na berlinda. Alguns desistiam de operações, para buscar uma medicina alternativa. "Chacro" reconhecia o poder desta. Os pacientes tinham o 'sim' e o 'não' no formulário, "Chacro" explicitava claramente que qualquer resposta não era uma fuga, apenas um recomeço. Ele percebeu que havia distorções nos quadros clínicos: alguns sofriam de doenças sérias - por falta de conhecimento - como o acidente vascular cerebral em decorrência do tabagismo; havia ainda incoerências entre os aconselhamentos de pacientes com a mesma doença, deturpações que "Chacro" considerava o maior problema de todos: o estigma do falso saber. O médico tentava amenizar isso de todas as maneiras possíveis, aprender técnicas do canivete suíço e resolveu que a austeridade médica seria a única solução para que a clínica não naufragasse em águas da falência.

A ética médica excedia a difícil decisão de contar a verdade a qualquer custo, inclusive o balanço da empresa. "Chacro" pagava tributos altíssimos todos os meses, teve de zerar gastos excedentes, comprar puro e simplesmente o que a clínica consumia diariamente. Ou seja, a periodicidade de estoque – todos os produtos descartáveis, medicamentos, insumos, materiais de escritório e de limpeza – foi revista e passou de mensal para diária. Rapidamente acabavam gazes, esparadrapos, uniformes de pacientes, seringas e agulhas. Na base, "Chacro" manteve todos os funcionários. Ele mantinha a folha de pagamento com o mesmo custo. O seu sócio, um médico formado em Bruxelas, era HayleKröos, um croata. Hayle havia estudado junto com "Chacro". Mantinham a brilhante ideia de construir um negócio juntos e fizeram a sensação. "Chacro" era um jovem alvoroçado pelo que decidia, sempre usando de um fervor contido.

"Chacro" sempre detestou a decepção, a falta de pontualidade e de energia a dar, pois era um faminto capitalista. O dinheiro vinha em primeiro lugar até que surgiu a época da crise e os países entraram em recessão. Ele superou a ambição, buscava economizar. Economia, a palavra de ordem, mexia com "Chacro". Ele sabia que devia manter a postura, o tom de voz, o caráter. Só assim poderia retomar os melhores dias da clínica. (A clínica recuou em 80 pacientes por mês)

O ano de 2012 começou melhor. O governo belga havia injetado 20 bilhões de euros na economia do país. "Chacro" voltou a prosperar. Os incentivos eram um abarque para que empresas evitassem demissões. A Bélgica era, de longe, uma das primeiras a receber o aporte da União Europeia, por ser a sede da OTAN e por ter participado de acordos exclusivos. Todas as aventuras de "Chacro" como um logista da internet, ficaram esquecidas e ele somente dava atenção ao oficio de médico-cirurgião. Parecia haver se profissionalizado. Phillippa o chamava de um homem de verdade pelo seu novo jeito de ser. Os filhos tinham medo antes, passaram a recear uma aproximação e "Chacro" não dizia nada porque não brincava mais com eles.

Phillippa dobrou a atenção com os filhos. "Chacro" havia largado as prostitutas mas ela continuava desconfiada do marido. Consentia em ser submissa a ele desde que se apresentasse como seu marido, "Chacro" assumiu de vez esse papel.

O doutor Kröos rebaixou-se ao querer vender sua participação à "Chacro", não era o momento. "Chacro" fiscalizava atento às situações de olho aberto. Kröos ou saía doando sua participação ou "Chacro" engessava-o, pelo resto da vida, como uma estátua.

Cena 4. Corpulência

O novo homem vivia frio, sem um contato com Phillippa. Passou um tempo sem mulher, sem o ato. Ele emagreceu cerca de15 kg. Tomava absinto.

Mantinha rígido o critério que o coordenava em tudo o que fazia. "Chacro" passou a atiçar os próprios filhos contra a mãe deles. Ameaçava afogá-los caso se retraíssem.
- Façam o que mandei.
- Sua burra! – disse Thomas à Phillippa.
- Que é isso, menino? – indagou Phillippa.
- Deve tratar melhor o meu pai. Ele merece obediência.
Nesse instante, "Chacro" decidiu afogar a própria mulher na piscina, em um efeito terapêutico que denominava 'expurgação'.

Ela engasgou com a água que entrou por sua laringe. Sucumbia tendo um ataque nervoso dentro da piscina e "Chacro" a emergiu antes que morresse. Estava desmaiada. O médico aplicou-lhe os primeiros socorros. Em minutos, Phillippa se levantava.
- Doente!
- Eu?
- Não encoste mais em mim!
Ela entrou no quarto e deitou na cama. "Chacro" saiu para O *crossfit* da academia.

Em 2014, "Chacro" completaria 38 anos. Ele buscava fugir de problemas neuróticos das pessoas. Tomava esteroides anabolizantes para ficar ainda mais corpuloso. O momento da austeridade mostrava flexibilidade. Ele tomou uma prostituta pra si, chamada Silly. Ela tinha uma pele de seda e deslizava feito uma felina sobre "Chacro". Ele teve problemas com esta. Um cara conhecido por Tromba era o namorado da prostituta. Trocaram socos dentro da boate.

Sangrando, Tromba levou a pior. A prostituta veio abraçar "Chacro" e ele a possuiu, no sofá da boate.

- Ordinária!

"Chacro" quis deixar 100 euros com a moça, todavia ela recusou. Argumentava que havia gozado muito com ele, talvez ela quem tivesse de pagá-lo.

O sádico médico retornava à sua clínica. Havia 5 pacientes para consulta aguardando na recepção. Kröos não o substituiu porque Kröos desistiu do negócio para procurar algo melhor.

O sadismo aliviava a tensão de "Chacro". As atividades físicas aliviavam os efeitos do sadismo, que mais tarde, o deprimiam. Ele se arrependia de ultrapassar os limites toda vez que ia dormir.

"Chacro" deferia cerca de 180 Newtons de força no alvo de impacto. Virilmente largo, os ombros rasgaram as camisas antigas no dia do teste. Ele não se comovia com isso.

Walter Slürssen, um jornalista sueco, veio entrevistá-lo sobre a modalidade que o médico praticava na academia, o *crossfit*. *"Chacro"* sacaneou o velho que mantinha uma trança de cavalo.

- Puxá-lo pela crina, sente dor?

- Não.

"Chacro" não resistiu a ter de fazer isso. Já que dava entrevista, tinha direito ao escrúpulo vazio.

Slürssen era tão sádico quanto ele. "Chacro" pôde observar durante a conversa. O jornalista pediu ao fotógrafo para que tirasse uma foto de frente, "Chacro" discorreu.

- Acho que estou à vontade em me apresentar a todos lateralmente! De perfil, fico melhor de ombros à mostra.

Assim foi feito. O jornal saiu no dia 01 de setembro de 2014. "Chacro" apareceu na coluna Saúde do Belgium Post, em tiragem recorde.

Slürssen entregou um cartão a "Chacro". Se precisasse de qualquer informação privilegiada, saberia a quem recorrer. Slürssen atuava também na calada da noite.

"Chacro" andava em seu carro pelas ruas quando deparou instintivamente com Jenkin conversando com o animal que havia surrado, Jenkin conversava com Tromba.

Ele ligou para Jenkin. Tirava satisfações porque não queria os amigos se metendo numa corja sorrateira de estupradores. Apesar de que Jenkin parecia ser um deles.

- O que está fazendo? Está mexendo com o quê? – perguntou-lhe "Chacro" na chamada.

- O mesmo de sempre.

- Quer vender ecstasy pra mim?

- Onde nos encontramos?

"Chacro" e Jenkin se encontraram na praça à revelia dos outros. As pessoas não os percebiam enquanto combinavam.

- Aquele cara que estava conversando com você, hoje de manhã, quem é ele?
- Ah! Você viu? É o Tromba, um estuprador contratado.
- Contratado?
- Éh! Presta serviços para uma rede da classe alta, quando os negócios dos outros impedem que os negócios de seus clientes, ele come a mulher dos outros.

Cena 5. Dizeres de boca

"Chacro" disse à mulher:
- O que acha de nossa nova aventura?
- Estupidez!
- Não fale assim!
Phillippa andava na cobertura de um prédio de 70 andares. Possuía vertigem ao olhar de cima abaixo e "Chacro" experimentava resoluto à dizeres de boca.
- Você vai cair! Eu vou te empurrar! – "Chacro" se aproximava dela.
- Não!
- Vai sim! – o médico mantinha passos promulgados..
- Não faça isso, Charles! Por favor, eu lhe imploro!
- Quem é o pai da criança negra?
- Você!
- Peguei você! – disse Charles à ela, apertando-a contra o cerco.
Ela observou o ínfimo da rua, lá embaixo. Se caísse, mais tempo estaria apavorada contra a gravidade que contra os problemas do maníaco.
O vento vinha em turbilhão devido à altitude, isso deixava Phillippa mais amedrontada, em um coração pulsante.
- Rincón é seu filho tanto quanto os outros! – contra-atacou Phillippa, pensando que desviaria o marido de sua intenção de jogá-la lá embaixo.
- Pense em Thomas e em Laura, antes de morrer!
Ele havia amarrado uma corda elástica à antena de radiodifusão. Caminhava para o limite do parapeito.
- Quanto foi que arranjou outro, mulher vil?
- Nunca.
- O que pensou ao me trair?
- Nada. Eu não o traí.
- Onde está o seu homem?
- Aqui.
"Chacro" sacolejou a mulher, que se arrepiou toda, e arremessou-a de volta.
Em casa, continuavam discutindo:
- Você ama os seus filhos? – perguntou "Chacro".
- Eu seria estúpida se dissesse que não.
- O que de melhor fez a eles e a mim, até hoje?
- Cuidei deles desde o nascimento, os levei à escola, ao rio Escalda sempre que estiveram entediados. Quanto a você, sempre me dediquei.
- Quis me enganar até agora?
- Não. É a pura verdade!

23

- O que é a verdade pra você?
- A sinceridade dos acontecimentos.
- Eu vi você com outro – disse "Chacro", intimidando.
- Onde?
- Te peguei, jogando verde.
- Seu louco!
- Agora nós vamos para o rio Escalda.
O casal belga entrou no Land Rover. "Chacro"
ziguezagueava com as rodas do carro.
- Sente adrenalina?
- Sinto.
- Você vai mergulhar!
Chegaram ao porto de Bruxelas. "Chacro" levava uma
Sauer consigo. Ele ameaçou Phillippa com rumores de que
ela era uma ladra de objetos.
- Você está roubando parafernálias e amontoando lá em
casa. Por que não resolve, Phillippa, me contar o que está
acontecendo em sua mente de ervilha!
- Não estou. Seu estúpido! – cuspiu na cara dele.
"Chacro" a conduziu para dentro das águas do rio,
submergindo-a. Ela não respirava. Phillippa teve um ataque
muscular conturbado, parecia que havia se afogado. O
maníaco continuava a forçar a cabeça da própria mulher que
havia contraído os pulmões sem ar e paralisado o corpo.
Ele a emergiu. Fazia respirações boca à boca e
pressionava o tórax da mulher. Como médico, demonstrava a
delicada prestação de socorro, um sádico.
Ela retomou as forças para respirar, golfando um enorme
volume de água. Phillippa destruiu suas razões de
mulherzinha, horas depois da 'expurgação'.

Cena 6. Sacrílego

"Chacro" passava pelo centro cirúrgico. Antes de colocar
2 catéteres na paciente, "Chacro" sentiu uma forte depressão.
Sem Kröos, ele tinha de operar a mulher.
O médico terminou de costurá-la à noite. O ano de 2015
começou mexendo com suas virtudes, um ser
reconhecidamente entendido. Ele passava por altos e baixos,
com relação ao humor.
As premonições que sentia eram, em parte, empíricas.
"Chacro" era muito rodado, conhecia a rezinga do homem
como nenhum outro. Contudo, pressentia algo de errado. Ele
refletiu.
Contornando a bipolaridade, ele precisava reconhecer que
ele, pessoalmente, era ramo de uma família de doentes
mentais. Outro médico havia dito que ele devia ser mais
cordial, como se isso fosse a *shangri-lá* para os seus
problemas pessoais. "Chacro" entendia que devia apresentar
um modelo padrão de comportamento, ou apresentava atos
generosos para com a família, sobretudo, ou caía de vez na
armadilha dos atos concupiscentes.
Optou pela segunda alternativa. Quis cair nos atos
concupiscentes porque... fazer as pessoas sofrerem era o que

24

ainda o motivava à não suicidar-se.

Sacrificou a generosidade com as pessoas. Não atendia à prazo, passou a odiar elogios, não requisitava mais conselhos de qualquer um, nem tinha tempo para conversas. Os filhos penaram com o tipo do pai. Thomas, 21 anos, teve de deixar a faculdade de turismo, porque o pai resolveu cortar o pagamento da mensalidade. "Chacro" não estava nem aí pra ninguém.

Ele transava com Silly, às escondidas. Havia publicado 128 vídeos de sexo da boqueteira de posto de gasolina na Deep Web. Recebeu 15 mil euros, devolveu 5 mil euros para a vagabunda de estrada. Silly ainda se misturava com matadores de aluguel, estupradores e falsificadores – freqüentes e ocasionais usuários da rede escondida.

As coxas de Silly ardiam nas cadeiras de "Chacro", ele botava pra quebrar. Ele desenvolvia uma libido descomunal e ele criava uma rede de negócios.

O lucro da clínica chegou a ser mínimo. Aos poucos, clientes iam fugindo devido à "Chacro" não mais colocá-los em carteira. "Chacro" havia matado 10 pacientes na mesa de cirurgia, isso correu pela sociedade, difamando-o.

Autoridades queriam cassá-lo. Os estágios terminais dos pacientes foram os atenuantes, mas "Chacro" teve de jogar a toalha.

Da outra ponta, o negócio que mantinha pela internet profunda estava correndo bem. Ele conseguia um número maior de prostitutas de vídeos de até 15 minutos. Eles cobravam um valor razoável que produzia em "Chacro" uma vontade de investir.

Com o rabo entre as pernas, Tromba se redimiu com "Chacro". Tromba passou a trazer vídeos próprios na negociata que os dois fizeram. Tromba, o 'corre-riscos', não tinha vergonha de nada. Ele passava a mão na bunda de branquinhas à luz do dia, agia feito um agente público do sexo em busca de grandes traseiros, buscando o desconhecido de alto valor agregado, nos compartilhamentos pela web paga, "Chacro" agora era o empresário do cara.

Palatynaykus, o grego, passou a prestar serviços a "Chacro". "Chacro" desistiu de vez dos atendimentos da clínica, pois foi cassado. Mantinha a paixão em abrir pacientes, uma fascinação desde que descobriu a vocação em ser médico, no dia que sua mãe foi ao doutro, queixando da surra que levou de seu pai. O pai, não via há anos. Conservava-se na companhia de outros homens e Palatynaykus era um desses. Palatynaykus era falsificador, fraudador e chantagista. Passou a confeccionar documentos falsos mudando os nomes das prostitutas de "Chacro". O médico tomou essa decisão pois a polícia parecia estar investigando suas operações, ele não queria ser identificado por ninguém e por isso mudou o seu próprio nome, de Charles pra "Chacro".

Como chantagista, Palatynaykus ligava para os clientes de prostitutas, "Chacro" tinha consigo todos os vídeos que eram praticados nos motéis das moças, essa era sua carta na manga, e o grego cobrava valores para não disseminar a luxúria dos 'homens dignos da sociedade' entre seus pares.

"Chacro" passou a ser uma segunda pessoa, abdicando da imagem de pacífico. Às vezes, dormia com Phillippa, sua mulher – ela priorizava cuidar de Laura, 11 anos. Ela sabia

das traições do marido, um maníaco, passando a venerá-lo como um alfa. Ele meteu pavor no inconsciente dela, transtornando-a.
Certo dia, resolveu acabar com tudo. Sufocou Phillippa e as crianças até morrerem. Rincón foi o primeiro deles.

Cena 7. Um sádico altruísta

O passado de "Chacro" foi hostil. O médico sempre fazia a questão de recordá-lo, antes de aproximar-se de alguma pessoa de seu círculo. Resgatava os momentos inóspitos, o frio e as constantes surras de seu pai e do mundo. Ele estava convencido de que as pessoas mereciam sofrer. A família foi destruída, ele obrigava-se a ver o ser humano como uma raça do mal. A meticulosidade dos pensamentos não imputava a culpa à entidade própria de ser o "Chacro", relutava em acusar todos os outros por seu desatino.
Ele descontava em pessoas que não tinham nada a ver. Enfiou o carro contra a mureta de uma loja, forçando o dono a esbravejar com vontade. Pena que mudou um grau o tom de voz quando percebeu que o maníaco portava uma Sig Sauer.
"Chacro" o arrebentou. Amassou-lhe as mandíbulas contra a mureta. Quebrou boa parte dos dentes da frente do sujeito, que tentava fugir. Derrubou-o ao chão, chutando sua cabeça.
A polícia local chegou em 5 minutos. Levaram "Chacro" para os depoimentos contra 5 funcionários que testemunhavam a seu respeito.
- ... O louco deu pontapés na cabeça do senhor Morris diversas vezes. Eu gostaria de acrescentar que ele parecia estar 'doidão', talvez houvesse cheirado cocaína...
- O que sabem sobre esse cara? – perguntou o policial número 1.
- Nada.
"Chacro" permaneceu trancado durante 5 dias. Walter Slürssen havia mandado um advogado de defesa, que conseguiu um *habeas corpus*. "Chacro" foi lançado pelo delegado local a deus-dará.
Dias depois, ressarciu o senhor Morris de todo o prejuízo, "Chacro" havia se arrependido.
Outro dia de manhã, "Chacro" estava na Igreja de São Michael, confessando os pecados. A liturgia da igreja oferecia, naquele momento, uma hóstia consagrada a cada um, "Chacro" a engoliu. O processo de asserção o redimia por conta do padre. Ele estava curado.
Não foi bem assim... "Chacro" contratou Mauro para acabar com o velho da loja. Mauro prestou o serviço em 2 dias. As investigações corriam em trâmites legais. "Chacro" permanecia livre.
O funeral do senhor Morris suscitou um cortejo de Rolls Royces. Muito conhecido, era dona de uma rouparia masculina, a Bibbmausen.
O estapafúrdio ria durante o para-morte do velho. Ele permanecia de pé, próximo a um seixo, usando óculos
26
escuros e um avental. Pensava ser um carniceiro.

O sadismo tornou-se altruísta quando "Chacro" decidiu
expor-se menos ao público em geral. Passou a fazer planos
de vingança contra pessoas que detestava. O primeiro da lista
de "Chacro" era o pai dele, Vallen.
Ele não via o pai havia 29 anos. Não reconheceria se visse
o velho, talvez.
Começou as buscas convidando Gerard Palatynaykus a
tentar rastreá-lo pela internet. O grego manjava como um
guru. Todavia não achou nada. Vallen nunca mexeu com um
computador ou os registros não haviam sido atualizados.
A vontade entranhada em "Chacro" faria o pai pagar pelo
que fez. Mantinha um trauma cravado no corpo e queria ver
o velho ainda vivo.
Em andanças, "Chacro" conseguiu informações que
haviam batido com suas descrições. "Chacro" estava de frente
a um casebre de porta aberta, uma sombra estava lá dentro,
sentiu vertigem... Vallen se encontrava de costas!
- Diabos! – tremeu "Chacro".
Vallen virou-se com uma carabina em mãos. Atirou.
Atingido no ombro direito, "Chacro" teve tempo de se
esconder atrás do Land Rover. O pai o perseguia.
"Chacro" disparou 8 vezes com a pistola automática,
escarafunchou a cabeça do velho, um duro de matar, que
ainda rastejava pelo chão.
O filho acertou o pai num golpe de enxada que rasgava a
face de Vallen, espirrando sangue num veio de terra, o
parricídio.
Não se comoveu. Seguia suas próprias leis. Recolheu o
velho dentro de um saco plástico, empurrando-o para o
porta-malas. Ele estava à alguns quilômetros do Magnifiqué.
Chegando lá, "Chacro" improvisou uma sala cirúrgica no
próprio apartamento. Onde estavam Phillippa e as crianças,
ele colocou o pai.
Um tanque, um balde com formol, uma mesa em aço:
"Chacro" abria os corpos deles rodeado de insanidade.
Cogitou resfriá-los. Retirou as entranhas com bisturi e
fórceps. Aplicou o conservador da carne, o óleo de cera de
abelhas e uma base de álcool.
Quase 1 dia inteiro para empalhá-los. Quase 10 dias
depois de ter acabado com a família que constituiu.

Parte 3

Cena 1. Arrendamento

Walter Slürssen agenciava serviços para "Chacro". Havia
na rede os serviços de captura, falsificação, prostituição e
destruição de imagem. "Chacro" anunciava ainda drogas,
joias e pornografia.
Todo o esquema rendia cerca de 2 milhões de euros por
mês. "Chacro" ousava querer expandir o negócio e dobrar o
faturamento. Ele fechou contrato com uma grande agência de
atores pornô. Montou um estúdio com figurinistas que

atravessavam para lá e para cá, e câmeras profissionais.

Havia o amigo de sempre, adepto de prostitutas, que o auxiliava a contar histórias, buscando gerar audiência. Jenkin começou a interagir com o público, incitando histórias do arco da velha: cenas de estupros com achaques à família da garota, resgate de dinheiro e assassinatos. Ele só falava sobre isso todos os dias no blog do portal SteelDoctorX.onion. Cada dia que passava, o portal estava mais popularizado. Homens de rua, empresários e liberais pagavam pelo serviço. O alcance era em torno dos 100 mil usuários fidelizados mundo afora. Bastantes dos quais eram belgas.

Os clientes buscavam diversão, sair um pouco do stress, encontrar experiências novas e cair na risada através do ambiente virtual. No portal estariam com a privacidade garantida.

Os vídeos mantinham ninfetas, mulheres e senhoras nas etiquetas de 'grandes nádegas','grandes seios','mães transando','inter-racial' e 'melhores até agora'. O 'melhores até agora' trazia a avaliação em ranking da preferência do público. "Chacro" tinha vídeos próprios com a prostituta Silly, Jenkin possuía outros vídeos, até Walter Slürssen tinha vídeos com MILF's. Atores e atrizes profissionais enchiam o portal de orgias todos os dias. Slürssen publicava as edições ás 5:20 da manhã. Era uma febre viral.

Algum tempo depois, "Chacro" desenvolveu a idéia de inserir meninas nuas em cabines. Elas receberiam 10 euros por hora trabalhada. Essa idéia vingou. As meninas realizavam os desejos dos internautas. Muitas preferiam esse tipo de trabalho, especialmente as mais novas.

Nessa época, "Chacro" conheceu Bob. Bob era uma espécie de tudo-em-um. Fazia o que lhe exigiam, fosse assassinato, estupro ou falsificação.

Slürssen falsificava cartões de crédito. Ele possuía um sistema de rápida transação que estornava valores gastos de clientes clonados. Quando um cliente comprava um sapato ou uma carteira ou o que fosse, Slürssen emitia a necessidade de ressarcimento. O dinheiro caía em sua conta.

O jornalista não havia sido descoberto pela Interpol. Sabiam que alguém fraudava, mas não conheciam a identidade do fraudador.

Ele ainda passava ordens a Mauro, a Bob e a Tromba. O sádico jornalista os enviava para foder as mulheres de outros jornalistas conhecidos, criando espetáculos em tempo real. É bem verdade que os enviados também eram advertidos por "Chacro" para destronar àqueles que o sádico médico conhecia bem. "Chacro" continuava riscando a lista.

Kröos foi encontrado num banco de dados do conselho de médicos belgas. Slürssen repassou o endereço do ex-sócio da clínica para "Chacro". A mulher de Kröos era a senhorita Amanda Bulayeva, uma felina tão bonita. O responsável por derrubá-la foi escolhido a dedo pela especialidade, para "Chacro" foi pelo contato visual que mantinha com as vítimas, Tromba.

Tromba chegou ao endereço do médico à tarde. Slürssen havia ligado para constatar que ela estava em casa. Tromba tocou a campainha e o fator humano cooperou abrindo a brecha, Bulayeva era sensacional. O estuprador fez o serviço registrando a resistência da mulher. Ele terminou em 7 minutos, Vazou.

O vídeo editado lançava legendas com brincadeiras que

"Chacro" criou. Ele ousava afirmar que ela era burra, consentiu e fez Kröos de trouxa. A edição foi parar nas mãos do marido de Bulayeva.
Slürssen pedia 200 mil euros para acabar com o vídeo. Não teve o que pediu. "Chacro" pediu a Bob para raptar a mulher.
Bob agiu secretamente. A mulher não saía e Kröos a mantinha consigo. Ele desceu quebrando o telhado de vidro lateral à cornija da casa, desceu escadas e encontrou o médico sentado no sofá. Bob não tinha autorização para matar o médico, ele não via outra saída a não ser enforcá-lo. Eram dois contra um e Bob levou a pior. Ele fugiu.
"Chacro" decidiu enviar Mauro para acabar de vez com a história. O assassino mantinha absoluto sigilo em seus serviços. Mas Kröos estava ligado. Corria riscos e viajou para a França. "Chacro" nunca mais ouviu falar dele. A ida de Mauro para vigiar a casa havia sido em vão.
O vídeo de Tromba com Amanda Bulayeva fazia o maior sucesso. Somente com esse vídeo, eles arrecadaram 200 mil euros. Com o clima quente, "Chacro" pediu para Jenkin criar uma história do casal segundo os detalhes que conhecia de Kröos e da mulher dele.

Cena 2. Indo onde está a preciosidade

O médico pulou. A cama elástica descia 15 polegadas assim que havia o contato entre os pés de "Chacro" e a superfície contraída. Ele havia trazido 4 meninas com idades em escadinha: 8,9,10 e 11 anos.
O projeto XX-12 atendia ao pedido 4045, recebido pelo Tor. Ele mesmo, "Chacro", manteria relações com as meninas que adoravam o pula-pula.
O desafio, dessa vez, mostrava a "Chacro" que ele tinha algum dom com as crianças.
"Chacro" havia passado de Land Rover por portas de escolas infantis. Durou 5 dias para raptar as 4 meninas, 2 delas foram seqüestradas de um mesmo colégio e as outras 2 de colégios diferentes. A estratégia que usou não foi a do 'doce' e sim a da 'mamãe pediu para buscar vocês hoje'. As responsáveis dos colégios não se recusavam a repassar as alunas.
No Magnifiqué, ele montou um playground e uma festa com chapeuzinho e língua de sogra. Enganava as meninas dizendo que a mamãe viria no final da tarde.
O projeto abrangia duas exigências: sexo e obra de arte. "Chacro" visualizava as meninas imaginando que poderiam ser as suas próprias filhas. Ele se vendia para uma idéia insana, a de que tudo era obra do diabo. Ele as imaginou como estariam daqui à 10 anos, transando com seus respectivos namorados.
Passado a prévia, ele comemorou a festa com elas e brincou no pula-pula. Chamou uma por uma para tomar banho de piscina.
- Eu não trouxe o biquíni – dizia Salatyesa, a menina de 8 anos.
- Entre só de calcinha, não tem problema.

29

- Seu Corvo, eu não quero entrar – dizia Rebeca, a meninade 11 anos.

Corvo era o retrato de "Chacro" para as meninas.
"Chacro" tentava manter um mínimo de auto-controle. Ele
pensava que seria fácil, uma vez que havia conquistado
alguma interação com elas.
Ele jogou uma por uma, de roupa e tudo, dentro da
piscina. Começou a aziá-las, tirando a roupa delas, lançava a
borda da piscina. "Chacro" encaixou a mais velha, o nome
dela era Rebeca, 11 anos.
Rebeca gritava, "Chacro" a afundava, as outras meninas
saíam da piscina apavoradas. Filmou sem ejacular durante 2
minutos.
As outras se reuniram juntas amedrontadas. Todas
quietinhas na entrada do Magnifiqué.
"Chacro" as tomou.
Ele resolveu que estas, ele iria foder na cama. As levou e
trancou a porta. Em 15 minutos, tinha o vídeo das 4.
A doença psicótica imputava nele uma melancolia depois
dos atos com as meninas. Ele resolveu matá-las.
Horas mais tarde, os corpos estavam num tanque de
formol. Ele deixava elas descansarem. Parecia que isso não
ia acabar nunca. O diabo do magnata russo havia o destruído
de vez. Muita ousadia para um homem só.
"Chacro" passou a noite toda rodando a cidade de
Bruxelas em seu Land Rover, transtornado. Chegou a uma
conveniência e pediu um sanduíche. Ele retirou os picles.
Engoliu.
A madrugada continuava o impertigando. "Chacro"
resolveu abrir os corpos das meninas para retirar as entranhas
e enxertar alguns de seus recursos.
O carro estava a 120 km/h e chegou ao Magnifiqué às
3:50. Abriu o portão eletrônico, conduziu o carro até a
garagem e o estacionou de ré. Desceu, passou pela sala, pela
escadaria, indo para a sala de cirurgia que montou anos
antes.
A carne das meninas era recente.
A luz do spot acendeu o rosto de Salatyesa. As expressões
da menina apresentavam um horror que sofreu. Ela tinha as
maçãs do rosto duras. "Chacro" abriu um corte vertical. Com
luvas, recolhia os intestinos, o estômago, a bexiga, o coração,
etc. Durou-se alguns minutos a primeira etapa da
reconstrução de Salatyesa.
A troca pesava 7 quilos a mais. Amanda, a menina de 9
anos, fazia uma cara contorcida. "Chacro" fez o mesmo
procedimento, guardando o coração dela no refrigerador.
Terminou alguns minutos depois, estendendo-a sobre a maca.
Lanna, a que tinha 10 anos, era magrinha. Ele se lembrava
do orifício apertado da menina. Os pulmões foram tirados
primeiro em sua vez, depois o coração. "Chacro" a colocou
sobre a mesa inox.
Trocava Lanna por Rebeca. Preservou o coração de
Rebeca porquanto a mente imaginativa do maníaco
acreditava que ela não havia o constrangido. O resto da
entranha lançou num recipiente contendo água.
A segunda etapa terminaria com a correta conservação
dos corpos das meninas. "Chacro" pegou uma por uma e
trabalhou como um escultor em cima delas. Enxertava estopa
no tronco, costurando a pele lisa de cada uma delas. Isso
durou horas. Os detalhes finais, "Chacro" fazia com cera de

abelhas. Ele espalhava a cera na superfície fria da pele delas, colocando as mãos suaves para, enfim, terminar de empalhá-las.

Cena 3. Apertos de mãos frias

Walter Slürssen chegou ao Magnifiqué trazendo informações recentes do paradeiro de Hayle Kröos. O médico havia se mudado para a bela Paris.
"Chacro" não entendia. Por que um croata se mudaria para Paris? De certo foi uma escolha da mulher, Amanda Bulayeva, mas ela era russa!
"Chacro" estava obstinado a encontrá-lo. Ele comprou uma passagem aérea para chegar rapidinho em Paris, consoante a trama que havia desenhado.
Slürssen agia feito um mentor. Eles viajariam juntos. O jornalista instruía "Chacro" a querer rastrear o ex-sócio através de contatos em comum. Antes que a viagem acontecesse, "Chacro" visitou Elman, o concunhado de Kröos.
- Oi, Elman, por favor!
- Elman! – gritava uma senhora de agasalhos, para o interior da casa.
- Pois não? "Chacro"?
- Como vai Elman? – "Chacro" apertou a mão fria do velho.
- Razoavelmente bem. O que me cumpre?
- Vim ver Hayle, ele ainda mora com você?
- Não. Hayle se mudou.
- Eu devo a parte dele, ainda. Elman, você tem o telefone dele? – Kröos havia mudado o número por conta das ameaças.
- Só um minuto!
Elman ligou para Kröos assim que "Chacro" se despediu dele. Essa era a intenção premeditada de Slürssen. Slürssen queria acuar Kröos, como um tatu escavando ainda mais o buraco.
Dias depois, o sádico médico e o sádico jornalista pegaram o vôo com destino à França.
Horas depois, estavam nas proximidades da Chanz-Elisée. A casa do ex-sócio de "Chacro" era fácil de encontrar. O mais difícil foi reconhecê-lo. Kröos e a mulher vestiam grossos agasalhos Ralph Lauren, eles chegaram à noite, ela com um couro de chita e ele usava uma vestimenta de couro sintético, ambos de gorro e óculos escuros.
Nevava.
Slürssen trazia uma taça de champanhe. Eles abordaram o casal na altura do estacionamento do Carrefour, de frente a casa deles.
- Ora! Ora! Ora! – "Chacro" estendia o braço para cumprimentá-lo, no frio da região.
- O que está fazendo aqui?
- Em missão!
Slürssen, que não havia dito nada ainda, ofereceu champanhe a Kröos.
Kröos aceitou. Tomou.
-*Mademoiselle* também deseja?
Amanda Bulayeva disse que queria, mas não havia outra

31

taça.

-*Pardon!* Já lhe trago – Slürssen ia em direção ao Carrefour para comprar outra garrafa.

Enquanto isso, "Chacro" contou sua versão de como encerrou as atividades da clinica para o seu velho amigo da universidade. Kröos não sabia que "Chacro" estava por trás das ameaças que recebia. Ele agia naturalmente, relacionando o que fazia para o seu velho amigo.

- Estive trabalhando para um hospital público ainda – dizia Kröos – quando eu e Amanda resolvemos vir morar aqui. Ela prefere o clima mais*tous.*As roupas são uma vertigem a ela...

Vertigem. "Chacro" caracterizava essa palavra diferente à explicitada pelo ex-sócio. Para ele significa o início do trauma na vítima, imposta por um indivíduo sádico. Mas parecia que, a Kröos, isso soava como frisson ou queda consumista.

- Mas, o que você faz aqui? Próximo a mim?
- As compras são um hobby. Esse é o melhor lugar para artigos de luxo.
- Isso é verdade! Por um instante, pensei ser acaso, dado as referências...

(...)

Slürssen voltava portando uma bandeja com um Mumm e três taças. Comportava-se feito alguém que 'serve' e 'ouve seja lá o que for', um garçom.

Bulayeva foi preferencialmente elogiada por Slürssen, enquanto despejava o líquido *brut* em sua taça.

- Para sua beleza, desejo *bon appétit!*
-Obrigada!

Eles entraram na casa forrada assim que terminaram a conversa de reconciliação e de beber. Havia uma estante cheia de títulos de autores franceses, como Voltaire e Jean-Paul Sartre.

"Chacro" acionou a Sauer, disparou 3 vezes e Kröos já não se movimentava mais.

Enquanto isso, o jornalista forçava a mulher àquilo que ela não queria. Slürssen estava louco e fantasiado com o corpo da mulher, havia construído uma forma feminina depois do vídeo que assistiu. Ela parecia ser deslumbrante.

"Chacro" não se aquietou. Urinou no cadáver da vítima e o repugnou completamente. Ajuntou com Slürssen no ato concupiscente, por trás de Bulayeva.

Cena 4. Os setores sociais

"Chacro" entrou no carro. Ele saiu do Magnifiqué indo ao centro. No trajeto, ele viu Zulu. Zulu atravessava a rua e "Chacro" acelerou. O corpo de Zulu foi arremessado para o vidro da frente, girando como um rolo compressor pela lataria do carro, caiu pelo porta-malas.

Fugindo, "Chacro" observou em seu retrovisor dianteiro que uma viatura policial o perseguia. Ele não parou. Os policiais chegaram a encostar no Land Rover. "Chacro" derrapou girando o volante para entrar no cruzamento, os policiais atiraram.

Um tiro acertou o vidro traseiro, "Chacro" desesperou-se. Ele freiou e parou o carro, arremeteu-se ao chão com as mãos à cabeça.

Dean e Morgan o prenderam. O advogado que o representou da última vez era Lenny Bahelke, um criminalista. Bahelke era assíduo de Slürssen.

A fiança custou 7 mil euros. No outro dia, "Chacro" estava livre no pátio da polícia para retirar o carro. Ele veio andando e não acreditou no que viu: havia arremetido o braço da retro-escavadeira contra o teto, estava compactado o carro destruído.

- Por que fizeram isso?
- É o desmanche policial!
- Desmanche?
- Éh! Nossa obrigação, como policiais, é retirar pessoas esquizofrênicas das ruas.

"Chacro" pagou 2 mil euros para liberar o carro do ferrovelho. Ele vendeu o aço no mercado aberto.

- Ei, Jenkin, quer adquirir um Land Rover fudido?
- Qual estado de conservação?
- Perda total.
- Pago 500.

"Chacro" teve uma grande apatia com as palavras de Jenkin. O carro só valia 500 euros. Em vez de vendê-lo, "Chacro" quis recuperá-lo.

A mecânica ShowCar trabalhou sua funilaria. Carlos cortou o aço substituindo por um novo. Aplicou todo um envelopamento da cor verde. Em cerca de 1 semana, o carro estava zero. O motor havia sido poupado, como também o chassi.

O barulho no ambiente interno era o mesmo, "Chacro" se deu por satisfeito. O mecânico calibrava os pneus e fez uma nota fiscal de 40 mil euros.

- Tudo isso? – "Chacro" só perdia mais dinheiro.

"Chacro" precisou em última hora, usar o cartão de crédito. Não havia mais limite, teve de recorrer ao banco para que emprestassem dinheiro a ele. Morgan o atendeu.

- Em que posso servi-lo?
- Hoje estou precisando de 40 mil euros emprestados.

O gerente observou o saldo disponível e retorquiu:

- O senhor não tem mais crédito.

"Chacro" pensou. Ligou para o jornalista e este veio ao banco.

- Boa tarde, senhores! – disse Slürssen.
- Como vai? – apresentou-se o gerente.
- Bem. O que está acontecendo, meu amigo?
- Meu crédito se esgotou. Tenho de pagar um mecânico para liberar o meu carro. O que eu faço?
- Conte comigo! Eu tenho uma conta aqui, o senhor pode conferir? – Slürssen falou com Morgan.

Horas mais tarde, "Chacro" assinava um contrato de leasing. O gerente os enviesou desviando Slürssen da necessidade de socorro a "Chacro". Slürssen havia manipulado o cara.

No leasing, "Chacro" receberia um BMW Série 3 em troca de seu Land Rover, pagando o valor integral do novo carro mais o valor da nota de serviço do antigo. Assim, todos

sairiam ganhando. Slürssen achou um baita de um negócio.
O total financiado era 100 mil euros. O que era 4 mil
euros frente ao valor agregado? "Chacro" também deixou o
banco contente. Ele só não sabia de onde tirar o dinheiro
agora. Slürssen havia sido o avalista na transação e não podia
ficar na mão.
O portal SteelDoctorX recebia quase 3 milhões de euros
no mês. Slürssen havia dito que restavam somente 100 mil
euros e "Chacro" acreditou nessa história.
Ele se surpreendeu quando viu a mesa de coquetéis que o
jornalista havia montado na sua sala para comemorar... o
extra.
- Salafrário! Enganou-me mesmo! Pensei estar zerado!
- É necessário arrojo no mundo dos negócios! – Slürssen
sorria sádico.
Eles chamaram o pessoal que filmava no set. Entre os
quais estavam Silly - vestida no figurino de seda -, Tromba –
vestido como um soldado belga com um cinto grosso e boina
azul. Os dois haviam protagonizado a primeira cena do filme,
cheia de beijos. Silly não escondia uma gosma escorrendo de
sua coxa, era porra mesmo!

Cena 5. O Reconhecimento

Vestido em um suéter de luxo – veludo -, "Chacro" dirigia
o BMW para seu casamento com Silly, na Igreja São
Michael. Ele não resistiu, tendo de fazer o pedido para a
prostituta, a mais quente mulher que "Chacro" já viu, sentiu,
conheceu e fodeu.
O tapete vermelho estendia-se por quase 30 metros, havia 3
degraus na entrância da construção religiosa. Silly o
aguardava. Eles se beijaram e paparazzis tomavam conta de
brilhos e confetes.
- Parabéns ao casal! – disse um fotógrafo indiscreto,
"Chacro" acenou, Silly sorriu.
O padre Nielsen não havia percebido até o momento que
o sádico jornalista Walter Slürssen trouxera um rato.
Havia câmeras por todos os lados, a febre contagiou gente
famosa a comparecer e criou-se uma euforia excedida de
jovens atores pornô que pareciam extasiados com o
acontecimento.
A marcha nupcial começou a ser tocada no palco da
sinfonia, uma variação de Chopin. Os noivos entraram
recebidos pelo arremesso de pétalas brancas. Slürssen soltou
o rato que, em seu trajeto, cravou as patas na calda do
vestido branco.
Houve uma generalizada gritaria. Slürssen veio com um
extintor de incêndio, atiçando na parte baixa da dorsal de
Silly. "Chacro" a acalmou.
- Tudo programado – disse "Chacro", reservadamente.
Os convidados levantaram das bancadas, aplaudindo à
vera o a bondade do jornalista, "Chacro"
não agüentou um riso. Chegaram ao altar.
- Nessa noite – dizia o padre -, estamos reunidos para
oficializar o casamento entre Charles e Selena (Selena?) –
continuava -. Charles, aceita Selena como sua legítima

esposa? Amar e respeitá-la, na riqueza e na pobreza, na saúde e na doença, até que a morte os separem?
- Sim.
- Selena, aceita Charles como seu legítimo esposo? Amar e respeitá-lo, na riqueza e na pobreza, na saúde e na doença, até que a morte os separem?
- Sim.
- Eu vos declaro marido e mulher! – encerrava o padre – Pode beijar a noiva!
Seguido de um longo beijo, o vídeo encomendado em pacote do falso casamento foi um sucesso.
Como alguém pode fantasiar algo assim? Um casamento entre "Chacro" e Silly, oferecendo uma bagatela de 1 milhão de euros? Só alguém vidrado de frente ao computador se masturbando ao ver os melhores vídeos de sexo do casal. Era um reconhecimento que "Chacro" havia conseguido por sua dedicação com o corpo da prostituta. Algum ricaço sabia valorizar sua arte tão desinibida.
"Chacro" aceitou prontamente o desafio. Precisava de dinheiro para quitar o carro e sair do aperto. Slürssen havia se comedido da maneira mais venérea e comportou-se como um autêntico tirador de sarro. Em 2 dias, Slürssen havia enviado o vídeo para o mesmo magnata russo do pedido 4045. Ele adora uma tara.
"Chacro" não se importava com a prostituta vivendo no Magnifiqué, por uns dias, desde que não se acostumasse demais. O médico odiava só ter de pensar em viver uma vida a dois novamente. Ele se dedicava mais aos projetos de pedofilia e às cirurgias de crianças, transformando-as em bonecas.
O acervo de cartas que passou a receber ultrapassavam o limite do censo comum. O share era colossal por parte dos assinantes. Alguns retratavam o cú doce que "Chacro" fazia com as mulheres. Outros comentavam que haviam visto a Silly enfiando o dedo no cú do cara. Todos respondiam as polêmicas que o maníaco fazia questão de botar no ar: 'Quem é que manda agora?' era uma dessas.
Os clientes mandavam agora, por esse assédio atropelador. Jenkin tinha tréplicas substanciais das histórias que escrevia sobre o amigo. Tromba havia sido desprezado pela audiência. Silly dava autógrafos nas ruas e os fãs queriam mais.
Quando "Chacro" estacionou o carro na Premiação Cacete de Ouro, ele e Silly não imaginavam tanto calor das pessoas vindo os cumprimentarem.
- O que é aquilo da vertigem, cara? – um homem com uma cerveja na mão interagia – Eu achei que ela ia cair lá embaixo – ele imitava as cadeiras de "Chacro" esfregando o cú da prostituta, enquanto ela tinha meio corpo para fora da janela do 40º andar.
- Você sentiu? – deturpou-o "Chacro".
- Que é isso cara! Tá me estranhando? Eu só achei uma coisa pra lá de absurda!
"Chacro" tirou a rola para fora da cueca e mandou o cara virar o rego. Os organizadores expulsaram o bêbado da festa, e "Chacro" foi receber o cacete de ouro pelo melhor filme pornô do ano, em Bruxelas.

Cena 6. Mania de Perseguição

"Chacro" almoçava em um restaurante e bar. Deixou o copo cair vazio e estatelado. Todos olharam para ele. O médico não estava tão bem naquele dia. Havia tido pesadelos à noite com sua mãe pedindo colaboração. Ele interpretou a mensagem de forma prática, odiando o mundo e saindo por aí.

Nem parecia ser médico, xingava muito – o dinheiro subiu-lhe á cabeça. Ele deu dois socos potentes contra a parede de tijolinhos. O dono do estabelecimento veio preocupado, querendo entender o que estava acontecendo:

- O que está havendo, meu senhor? Posso ajudar?

"Chacro" enlouqueceu. Perdeu o rumo e o prumo. Corria e pessoas iam atrás dele assustadas e na defensoria do patrimônio público.

A doença mental agravava-se. Agora, sofria de transtornos obsessivos compulsivos, instigando-lhe uma mania de perseguição. "Chacro" entrou num prédio, subia as centenas de escadas, para tentar ficar sozinho.

O stress tinha tomado conta de sua pulsação. Ele respirava fundo e soltava todo o ar. No hall do vigésimo andar, parou e quis cair.

- Eu não estou agüentando!

Ele tentou descansar. Ele procurou ficar calmo – como médico precisava fazer com que seus batimentos cardíacos chegassem a 60 por minuto e não 220 como parecia ser. Ele tinha reiki na mente.

Ligou para Slürssen imediatamente.

- O que está acontecendo com você?
- Parece que vou explodir!
- Calma, "Chacro"! Vou mandar Bob te buscar, onde é?
- No prédio da Aristocracia, vigésimo andar. Estou tonto.
- Ele está chegando, o aguarde!

"Chacro" o aguardou. As pessoas que viram atrás dele se amontoavam no térreo. Elas haviam perdido o louco de vista. Mulheres gritavam lá embaixo, elas incitavam histórias absurdas. Nada havia nexo.

Bob chegou o mais rápido possível. Eles conversaram por um instante e Bob voltou ao térreo.

- Que balbúrdia é essa? – Bob cobrava das mulheres.
- Entrou um louco nesse prédio!
- Éh, meu jovem, há um maníaco querendo, sei lá, soltar uma bomba!
- Todos vocês, fora! Isso aqui é um local silencioso!

Enquanto Bob expulsava a multidão, "Chacro" estava mais tranqüilo lá em cima. Ele parecia ter recuperado a noção, sentado num sofá.

As notícias da TV transmitiam um caso de estupro seguido de morte de uma jovem loira e magricela. "Chacro" a conhecia. Assistia do vigésimo andar enquanto Bob apareceu.

- As coisas se acalmaram lá embaixo!
- Melhor assim – disse um "Chacro" monótono.
- Vamos embora?
- Bob, você conhece essa da TV?
- Parece... a irmã da Silly.
- É ela mesma!

Os dois desceram aliviados e entraram no carro. Voltaram

para a empresa.

"Chacro" passou a conceber estratégias para não ser reconhecido. Uma delas tangia não sair exposto. Slürssen passou a escoltá-lo enquanto ele tratava o problema com um psiquiatra.

O médico cassado estava bem.

Não queria mais os bonecos de sua família em coleção no Magnifiqué. Resolveu doar para qualquer colecionador que os quisessem. Thomas, principalmente, o aterrorizava.

O primeiro a se apresentar como interessado foi Bob.

"Chacro" se surpreendeu. Bob fazia um pouco de tudo e parecia vislumbrar a arte nos cadáveres. Bob era bizarrice também.

Jenkin havia deixado de escrever sobre "Chacro" e suas aventuras, a mando de Slürssen, para não agravar a situação do médico. "Chacro" parecia ter saído de cena.

Não era bem assim... "Chacro" tinha dinheiro de sobra, então, resolveu fazer uma viagem de turismo sexual. Ele levava Silly.

Foram para a Grécia. Esqueceu-se totalmente da outra vez que veio à Atenas. Alugou um jet-ski com prancha à jato propulsora e deixou que Silly, a sentimentalista, pilotasse.

Ela parecia ter se esquecido do assassinato da irmã.

Cena 7. O desfecho de tudo

Slürssen ajudava "Chacro" a tentar encontrar o caminho da luz. "Chacro" devia achar que o jornalista era o seu amigão, mas não era bem assim. "Chacro" possuía experiência de vida. Sabia que os baixos lucros vinham de falcatruas por baixo dos panos.

"Chacro", apesar de tudo, era como o seu pai, Vallen. Ele raciocinou e encontrou uma teoria para explicar os problemas de sua infância e as doenças mentais de agora. Vallen e Barbara eram primos de primeiro grau, ele nasceu congênito.

As surras que sofreu, ele bruxuleou em parte, enquanto pensava sobre elas. Eram devido a uma mesquinhez enraizada na cultura de seus ancestrais. O avô batia no pai e o pai batia no filho-neto.

As doenças foram metamorfoseando-se conforme o tempo passava e "Chacro" envelhecia. Ele já beirava os 40 anos de idade. Viu uma psicose, virar mania, virar transtorno, virar obsessão, virar compulsão, virar esquizofrenia em seu fim. As consultas com o psiquiatra pareciam um engana-bobo.

"Chacro" se entupia de remédios, culpando-se pelos desvios de comportamento de sua juventude. Ele havia matado muita gente – pacientes, família, crianças, Kröos -, ele ainda não havia superado o peso desse morticínio. As coisas pareciam livres, ele era obcecado por ver as pessoas sofrendo, uma vez que sofreu muito desde criança. Eliminar pessoas era um mero passatempo que adquiriu ares de arte e de compromisso, ficando cada vez mais difícil fugir das amarras de seus próprios pensamentos.

Slürssen conduzia suas finanças com desmazelo.

Slürssen mais tirava do que punha. "Chacro" ficou sem nada. Os ataques de pânico do psicótico não o deixavam dormir. Tudo estava errado! Parecia haver demônios súcubos ou íncubos em sua cama. Ele se estreitou.

O resultado do último parecer do psiquiatra solicitava a urgência de transferi-lo para um manicômio. A melhor saída para ele tentar viver normalmente.

A mente de "Chacro" estava estragada, poluída e deturpada. Os conceitos que ele dava às coisas ficavam abstratos, ele se entupiu de manias como desviar o olhar toda vez que via uma criança, ele estava arruinado e falido.

Sem ninguém por ele, "Chacro" foi internado em um manicômio público, o mais lotado de doentes.

A convivência com loucos lançou a última esperança de um futuro promissor, que havia em sua mente, por terra. Ele repuxava muito em sua cadeira de rodas.

Ver aquelas pessoas se comportando como palhaços, dizendo algo num vertiginoso complexo de grandeza e indo sem rumo, propagou-se uma decadência da massa cinzenta do cérebro de "Chacro", considerado um demente. As vicissitudes dos dias naquele local só pioravam o seu quadro. Ele estava cabis-baixo outra vez. Babava.

O enfermeiro que melhor dava os cuidados era Alison, um jovem rapaz corpulento. O jovem conduzia a cadeira de rodas para uma samaúma no jardim. Os cantos de pássaros amenizavam os choques que "Chacro" sofria pela ingestão dos remédios. Ele não gritava... tanto.

Alison foi, por um tempo, o anjo da guarda.

Os sonhos destruíam "Chacro" por dentro. Ele só tinha lembranças da família e recordações do passado distante. As referências não eram muito boas porque parecia que o contexto de suas ações foi pincelado num quadro torto durante vários e vários anos. Ele se submetia àquele horror, vez ou outra.

Piorava. "Chacro" não tinha com quem conversar e ninguém sabia que ele tinha a mania de permanecer calado - nem os psiquiatras.

Ele julgava os médicos como inimigos hostis. O psiquiatra era quem o mataria algum dia – hoje? – porque ele não tinha como se defender, estava totalmente à mercê dos outros.

O que parece ser para um louco, pode não parecer para quem vê de fora! "Chacro" vivia iminente uma tragédia pessoal contada. Vivia sendo desprezado. Ninguém mais interessava. O mundo caiu em escuridão.

Perversa rotina, ter de comer uma gororoba, ficar horas e horas deitado sem conseguir dormir, tomar os remédios fortes.

Na última fase da vida – que se estenderia por 20 anos antes de sua morte – "Chacro" iludia-se com cores de seus sonhos, apalpando cada segundo; como sua espera pela consumação do prazo.

www.ingramcontent.com/pod-product-compliance
Lightning Source LLC
Chambersburg PA
CBHW070934290526
45795CB00003B/1020